このごろ、微妙な香りや味への感覚が衰えてきているんですよ。遠くで咲いている花の香りを感じられなくなってきた。娘が「あ、金木犀」というのに私は感じない。音も、聞こえる範囲が少しずつ狭くなってきています。物覚えはもともと悪くて、最近急に衰えたとは思えないけれど（笑）。考えれば八十年以上使ってきたのだから、それがふつう。外側はだんだん衰えているかもしれませんが、自分のなかでは昨日から今日へ、今日から明日へという連続で、毎日を自然に暮らしていきたいなと思っています。

科学は考えることを楽しむものです。この世界はどんなふうになっているのか、生命はいつどこでどうやって生まれたのか――答えがいつ出るかわからないけれど考え続けたい。哲学や芸術や文学もそういう問いにつながってますでしょう。科学もその一つです。

科学といっても、生きものを対象とする生物学は、矛盾も偶然性も含めて考えていくもの。人間を含めて、生きものは矛盾だらけです。数式どおりにはいかない。法則ではわからないことだって出てくるのは当たり前。でもやっぱり「知りたい」と思うでしょう。そうしたら、違うかたちで理解しましょう、と考えていかなくちゃなりません。今そういうところに来ています。知りたいという気持ちはとても大事。だから、やることはたくさんあります。

私のいちばんの願いは、人間も自然の一部として生きもの皆が手をとり、仲間もいて、食べものもちゃんとある暮らしができる、そういう社会でありたい、ということです。私が子どもの頃は、残念ながら大人が戦争をしてしまったために、そうではありませんでした。幸い、大学に入り、大人として暮らしていこうという時代に少しずつ改善され、食べものも豊かになり、日常も便利になって、自分の望みと生活と社会の動きが一致してきた。文句なしに幸せだったと思うんです。そのなかでたまたま科学という仕事を選んだ。でもそこで、たいへんな転換があったんです。

いただきます

目次

中村桂子——ナズナもアリも人間も

ふつうの女の子

疎開で意識した戦争

――子どもの頃から科学好きだったのですか。

私はほんとうに、ふつうの女の子でした。原っぱで花を摘んで、赤まんまや猫じゃらし、露草などを集めておままごとはしていましたが、とりわけ自然や生きものに関心があったわけではありません。百メートルを飛ぶように走るとか、音楽が天才的だとか、絵が素晴らしく上手《うま》いとか、数学が誰より得意、小説が書けるなど特定の能力にとび抜けておらず何でもそこそこ楽しめる子でした。だから、いま私がいちばん大事にしている言葉は、その「ふつう」ということなのです。

――一九三六年、東京のお生まれですね。

両親は甲府の出身で、次男だった父が東京に出てサラリーマンをしていました。夕方になると帰ってきて、皆で食事をするふつうの家庭でした。母の家は酒屋さんでしたが、親の代で身上《しんしょう》をつぶすようなことがあって、月謝のいらない師範学校に進み、小学校の先生をしていたんです。結婚してからは昔のことですからずっと家庭にいましたが、そんな母の主婦としての人生の送り方はとても好きで、大きくなって自分が何かをするとき「お母さまはどうしていたかな」と考えてやってきました。結婚してからも買い物に行くと、バターやお醤油を見ながら「お母さまの買っていたものを」と選んだりして。六歳上の兄、その次に姉がいたのですが、私が生まれる前に百日咳《ひゃくにちぜき》で亡くなりました。そして私が生まれ、六歳下の弟、妹、弟と、五人きょうだい。「産めよ増やせよ」の時勢です。上と下が離れていて、しかも男でしょう。小学一年生になったときに兄はもう卒業ですし、弟はまだ生まれたばかり、母とは一人っ子のような感じで一緒にいたんです。

――戦争が続いていましたね。

小学校三年の夏に山梨の下部《しもべ》温泉に学童疎開したのが、戦争を意識した最初でした。といっても田舎に移ったので、飛行機が一機飛んでくると「うわあ、大変だ」と騒いでいるうちに通りすぎていく。直接空襲を体験したことはありません。四谷《よつや》の家は焼けてしまい、写真など子ども時代のものはすべて失くしましたけれど。

――想像もしていなかった？

疎開するとき、一家で持って行けるのは柳行李《やなぎごうり》一つだけ。たいしたものは詰められません。しかも父は家にとても愛着があって、皆がどんなふうに暮らすかを考えるのが大好き。だからより暮らしやすいように、あちこちをよく直すんです。それがアメリカごときの爆弾で燃えてしまうことは、あってはいけないことだったのでしょう。そんなことといったって燃えるものは燃えるのですが、何の根拠もなくそうはならない、と決めていたんです。だからまた皆でここに帰ってくるのだよと言って、家の中はそのまんまにして、たいしたものでない日常の道具だけ持って移ってきた。父は口に出しませんでしたけれどショックだったでしょうね。

——疎開生活はいかがでしたか。

集団疎開した夏は、茄子ばかり食べていました。おみおつけに入っているし、煮付も茄子、朝昼晩と出てくるのは茄子ばかり。きらいではないし、お腹《なか》は空いていたけれど、いくらなんでもげっそり。おやつはお芋です。しかも今のような美味しいのではなくて、大量生産する水っぽいお芋を皆で分けるんです。形が決まっているものではないから、先生が切ると少しずつ大きさが違う。あれはねえ、ほんとうに貧すれば鈍《どん》するというのか、「あっちの方が大きい」「私のは小さい」と比べてしまうんです。そんな情けないことを思いながら暮らしていました。だから子どもがちゃんと物を食べられない生活はいけないと、心から思いますね。日本は豊かになりましたが、その中でも満足に食事のできない子どもがいる。まだまだ貧しい国はたくさんありますし、子どもたちのひもじい生活は、他人事《ひとごと》とは思えないんです。

一度きりの〝暴力沙汰〟

――学校でもふつうの目立たない生徒？

でしゃばりではないのですが、時々頑張るの。戦争中は男の子と女の子が分けられていたのに、戦後は民主主義で男女共学だというので男女が同じクラスになったでしょう。都会の子どもはそういうのはわりとスマートにやるのですが、地方の子どもは苦手。女の子がかたまっていると男の子が意地悪をしたり、男の子と女の子が話していると、やいやい囃《はや》したり。ぎこちなさや戸惑いで、学級がぎくしゃくしていました。そういう時に「これはいけないんじゃないか」と思うタチなんです。学芸会を皆で一緒にやろう、と提案しました。本を読んだり文を書いたりするのは好きでしたから、クマちゃん、ウサギさん、タヌキ、キツネなどいろんな動物が出てくる劇をつくって全員でやりましょうと。練習しているうちに男の子と女の子が話をするのはそんなに変なことじゃないという雰囲気になってきました。「これはおかしいぞ」と思ったときに解決方法を探すのが好きなんです。

――問題を見つけると、放っておけない。

リーダーになったり、中心に立ってわあっとやるのは好みませんが、置かれた場に馴染《なじ》むことはできるほうですね。疎開先でも、こういう所だと思えばすっと入っていけました。あのね、学校で暴力をふるったことが一度だけあります。四年生のとき、家族も一緒に愛知県に疎開することになって、父が「靴を買えるのはこれが最後かもしれないね」と、東京で買ってくれた靴を履《は》いて移ったんです。そこで学校に行ってみると、皆が集まってきて「靴を履いてる」と言うわけです。足を見ると全員が藁《わら》ぞうり。あ、ここはそうなんだと思って翌日から藁ぞうりを履いていき、自然にとけこみました。もう一人、名古屋から来たとても可愛らしい都会風の女の子がいたの。その子はどうしてもなじめず、皆がいじめたんですね。いやだなあとは思っていたけれど、男の子に注意したら自分もいじめられちゃうだろうし……。でもある日、靴箱のところで男の子が、その子の靴を隠すのを見たんです。途端に許せなくなって、お弁当箱を入れた袋でボカンと男の子をぶった。さすがに驚いたのか、その子は逃げていって女の子の靴は無事でした。でもアルマイトのお弁当箱がぺこっとへこんでしまったのよ（笑）。男の子は痛かったでしょうねえ。

――勇ましい！

うちに持って帰って、母がトントン叩いて直してくれましたが、ぺこぺこは残ったままです。それが暴力をふるった最初で最後。後悔はしていませんが、お弁当箱の惨状にはしょんぼり……だってその頃アルマイトのお弁当箱は貴重品だったんですよ。

――文武両道？　読み書きがお好きというと、どんな本を。

疎開先はあまり本がなかったのです。東京へ戻って中学一年生のとき、国語担当の先生が大学を出たての情熱的な文学青年でした。島崎藤村を読ませてくれて、「まだあげ初《そ》めし前髪の」（「初恋」）や、「小諸《こもろ》なる古城のほとり」（『千曲川《ちくまがわ》旅情の歌』）などを暗唱しました。和歌も好きで、百人一首には熱中したの。大学に入ってから、麻布《あざぶ》高校出身の人たちがかるたをやる仲間に入れてもらいましたけど、負けませんでした。もちろん歌は好きで全部覚えましたが、ゲームが面白かったんでしょうね。文学少女というのでなく、何でも楽しむんです。先生が教えてくだされば、夢中になって吸収する。すると先生も一層熱心に教えてくださる。最初は日本文学に目がいって、『赤毛のアン』『あしながおじさん』など、海外ものは中学の終わりから高校ぐらいで読むようになりました。

――近年、宮澤賢治の『セロ弾きのゴーシュ』を音楽劇にして、演技も披露されていましたが。

賢治はそれほど親しんできませんでしたし、正直いって本当のファンとは言えないと思います。ただ、東日本大震災の後になぜかとても読みたくなりました。賢治には私が生命誌で求めていることを見事に表現しているところがたくさんある。これからも賢治に学ぶことは続けていきたいと考えています。

――マンガはいかがでしょう。

あれはどうも苦手なの。私の時代は「のらくろ」などはあったけれど、今のような劇画ふうのものはなかった。電車の中でスマホで読んでらっしゃる方、真剣ですよね。「ドーン」「バシャーン」とか擬音語や擬態語が大きくかかれていたり、コマの順番がよくわからなかったり。少女漫画はありませんでしたし、夢中になったのは吉屋信子さんの少女小説ね。

嘘をつかない

――お弁当箱の一件は、ご両親に叱られなかったんですか。

そのときはね。父に叱られたことは二回あります。一度は小学四年のとき。日ごろ親から言われていたのは「嘘を言っちゃいけない」「正直に行動しなさい」ということでした。毎朝出かける時に「行って参りまーす」「はんかち、鼻紙を持ちましたか」「はーい」「行ってらっしゃい」と言うのが日課で、ある日、いつものように「はーい」と言ったのですが、そのときに私がはんかちを持っていないことを父は知っていたんです。それを適当に返事をしたものだから、「持っていないでしょう」とひどく叱られました。確かめもせず、いつもいい加減に答えていたということですよ。「嘘を言わないって言ったでしょう、確認もしないでいい加減に返事をしたでしょう」と、面と向かって叱られた記憶は、それだけかもしれません。とても印象に残っています。

――嘘をつくな、と全身にしみますね。二回めは。

十八歳になってすぐ車の免許を取ったんです。初めて父に助手席に乗ってもらって運転をした時、細い道から広い道路に出ていくときに注意が足りなくて、走ってきた一台にぶつかりそうになった。父がブレーキを踏んでなんとか防げたのですが、「バカーッ！」と非常に大きな声でどなられました。大事には至らなかったのですが、前ばかり見て全体を見ていなかったのは全然ダメでしょ。叩かれたことはありませんが、あんなに本気で怒られたことは初めてで、それ以来、きっぱり運転をやめました。そして一度も運転せずに七十歳のとき、きれいなまま（無事故無違反）免許を返しました（笑）。

——潔《いさぎよ》すぎませんか。

あのとき叱られて、自分は運転に向かないと思ったんですね。父はふだん、ぜんぜん恐くない。皆でわいわいやる家で、父親が偉いという感覚もなかった。だから相当にショックだったんです。

「先生」観が変わる

——一九四八年、麴町中学校へ進まれました。やっぱりふつうの中学生ですか。

小学校のときには「先生」という大人の存在があって、私たちが知らないことを順番に教えてくれる人でした。一たす一から始まって、九九を教えてくださり、あいうえおに始まって、漢字を教えてくださる。それが小学校の先生であり、「お勉強」でした。

ところが中学校に入ったとき、できたばかりの新制中学ですから、大学を出たての若い先生がどんどんいらした時でした。島崎藤村を教えてくださった先生も、文学青年が、お仕事としては国語の先生になったのではないかしら。十歳ぐらいしか違わない、情熱をもった若い先生が多かったのです。できあがった何かを「教えます」というだけでなく、国語なら自分が文学に対してもっている気持ちを懸命に子どもたちに伝えてくださったわけです。「ああ、先生ってこういうものなんだ」と。もちろん教科書を教えてはくださったけれど、先生というお役目でなく、一人の人間として感じられたんです。

――肩書よりも人間同士のつきあいですか。

「早稲田大学を昨日出てきました」という雰囲気の体操の先生もいらした。その頃は体操の道具なんてありません。だいたい運動場がないんです。麹町中学校は番町《ばんちょう》小学校に間借りをしていて、しかも五十人一クラスが八組。都会の小学校なので、コの字型の校舎の真ん中が運動場になっていて、そこは小学生が使うわけですから、私たちには運動場がないに等しい。そういうところにいらした若い体操の先生です。びっくりしたのは、屋上に高い鉄棒を置いて、大車輪をやってくれたことです。それまで逆上がりをする鉄棒しか知らなかったので、まさにびっくりです。肩に筋肉がもりもりしたカッコいい先生で、くるくる回って「こういうことができるんだよ」と。うわあ面白い、と大興奮ですよ。私は前にも言ったように何にでも興味をもってそこそこやるタイプなので、放課後に先生がときどき教えてくださる、十人ぐらいのグループに入りました。女の子だから平均台の上でバランスやポーズをとって嬉しがってました。

――何事も受け入れるタイプ……。

そうねえ。先生が詩を朗読するグループをつくれば参加したり、誘われると張り切っていましたね。

メガネコンプレックス

――いやなことや苦手なものの一つぐらい、ふつうありそうですが。

小学校、中学校、高校と、ほんとうにきらいな科目がなかった。逆に、ものすごく得意な科目もありませんでした。だからふつうなんですって(笑)。

――コンプレックスなんてなかった。

いっぱいありましたよ。いちばんのコンプレックスは、メガネ。私の娘も幼稚園で近眼でしたから、たぶん遺伝性だと思うのだけれど、見えないということは自分でわかっていました。でも言わなかったんです。小学三年生で疎開したとき、旅館の大きな部屋を教室にして、先生が前に黒板を一つ置き、生徒はそれぞれみかん箱を前に授業をしていました。紙が不足していますから、算数の時間は小さなメモ用紙が配られ、先生が黒板に○×△＝とか問題を書くと、答えだけを書いて出すんです。東京にいたときは、紙に問題が書いてあり、そこに答えを書いていたのが、疎開したら途端にそういうことになった。それくらい紙が貴重でした。そこで私が出した答案は、まったくのでたらめ。東京にいたときはできていたことを先生はご存じですから、変だと思われたでしょう。黒板の字が全然見えてなかったんです。こんな数字かな、と思ってあてずっぽうで書いた。見えないと言いたくなかったんです。でもばれてしまって、メガネをかけることになってしまいました。

今はおしゃれでかける人もいるぐらいメガネは格好よいし、技術が進んでレンズも薄いでしょう。私は中学の頃には○・○一ぐらいしかなかったから、牛乳瓶の底みたいなぶ厚いメガネをかけなきゃいけなかった。あの頃は「メガネ」「メガネ」といじめの原因にもなったんです。幸い友だちにはあまり言われなかったけれど、兄がちょっと気に入らないことがあると「ド近眼」と言うものだから、たいへんなコンプレックスでした。見えないという実際のマイナス以上に、ずっと「メガネをかけない女の子」になりたかった。

――その後どうなったのですか。

大学生のとき、大学の病院が初めてコンタクトレンズを扱いはじめたんです。それを知ってすぐに駆け込みました。まだ初期の段階でちゃんとした使用例がない。眼にどんな影響を与えるかもわかっていない。拒否反応が起きるんじゃないか、先生は無理とおっしゃった。でも「私、やります」と、その時ばかりはもう断固としていました。ただ最初のレンズはとても硬くて、やはり痛いんですね。でも私はメガネを外せるのならどうしてもやる、と。

――たいへんな決意ですね。

ふだんの私なら「危険」と言われれば、まあ皆さんがなさってから大丈夫なら……というタイプ。でもその時は、「我慢します」。東大の眼科ではほとんど第一号のコンタクトレンズ使用者でしょう。小学三年から二十歳までメガネっ子だった私が、こうして初めてメガネを外したんです。

――現在、メガネをかけている姿を見たことがありません。

今は、眼に関しては人生でいちばん幸せ。じつは六十代に入ると白内障になって視界が曇ってしまったんです。テニスの球が目の前に来るまで見えないんですから危険(笑)。それで手術をしたんですよ。伸縮しない人工のレンズですから焦点を固定するんですね。手術前に「どこが見たいか」と聞かれて、やはり本が読みたいので〇・五ぐらいの視力になるよう手術をしたんです。たいていは一・二とかになさるらしいですが、それだと本を読むのにメガネが要るし、一・二の距離なんていままで見えたことがないわけで、どうでもいい(笑)。いまは駅で切符を買うとき値段が見えて、針に糸も通せる、商品の裏に書いてある表示も読める。メガネもコンタクトレンズもなしでいられる、こんなに幸せなことはありません。昔はメガネなしでは、会話している相手の顔もぼやんとしか見えなかったのですが、それもちゃんと見えます。

——私の顔も。

そう。それくらいメガネがいやで仕方なかった子どもの頃、救いになったのが母の言葉です。「あなたはメガネをかけているほうが、賢そうに見えるわよ」と。大きくなってさすがにもういいと思うまで言い続けてくれました。もし母にまで「女の子なのに、メガネなんて可哀想。お嫁に行けないかもしれない」なんて言われていたら、落ち込んだと思うんです。

母の言葉

――いろいろな面でお母さまの存在は大きかったのですね。

母は新しいことを楽しむ人でした。戦後、四谷の家が焼けたところに建てた家は小さくて、台所も広くはないのですが、近くにいた大使館の今でいうシェフですか、アメリカ大使館のコックさんに母がお願いして、PTAの仲間を集めてクッキングスクールを開きました。当時は学校も備品がすべて焼けてしまっていますから、ピアノを買うためにバザーをひらいてお金を集めるといったことを一所懸命にやる。とても熱心でした。そうやってできた仲間をうちに呼んで、カレーライスを習っていたのを覚えています。そのときにバナナを入れたんです。当時は高級品ですよ、さすがアメリカ大使館。カレーにバナナを入れるのも初めてだし、そういう新しいことを皆でやる雰囲気が楽しかったですね。

――積極性の遺伝を感じます。

学校で気持ちよく勉強できるように、私のことだけでなくみんなが楽しく過ごせるようにと懸命にサポートしてくれました。当時は洋服も新しいものはとても手に入りにくいので、毎年セーターをほどいては編み直す。犬の柄を編み込んで、とお願いすると昔のセーターを探してきて色を合わせてくれる。自分の着物をほどいて私や妹の洋服も縫ってくれましたし、食事もなければないで、いろいろと工夫を凝らしていました。

――母の鑑《かがみ》。

当時は皆さんそうだったのではないかしら。ただ母の場合、自分の子どものことだけでなくみんなをお手伝いすることを楽しんでいたのだと思います。そんな母の言葉で一つだけ決して忘れられないのは、年をとってから、「もう一度戦争が起きたら、私は死んだほうがましだわ。そのなかで生きようとは思わない」と言ったことです。いつも何にでも一所懸命でしたが、心の底では二度とあんなことをやりたくはない、と思っていたんですね。当時は親がやってくれていることは当たり前だったし、すべていやいやしているようには見えなかったので、胸を突かれました。本音を言えば、あんな生活をさせられたのはほんとうじゃない、もっとちゃんとした暮らしがあったはずだ——決して愚痴や悪口を言わなかった母が、一生を振り返ったときにそんな言葉を漏らしたのですから。

DNAに魅せられて

進学は女子高へ

――高校は、少し離れたところに行かれたんですね。

麹町中学（公立）からは、男の子だったら何も考えず日比谷高校に進みます。ただ日比谷高校はバンカラで男の子っぽい学校。女の子は少し遠いのですが三田高校へ行く人が多かった。受験が近くなって、日比谷の文化祭にお友だちと行ったんです。すると校舎に紙屑が落ちていて廊下は埃《ほこり》っぽいし、むさくるしい男の人がいて（笑）

……その頃はそういう方がカッコいいと思われていたのかしら。でもなんかいやだなあと思って母に印象を伝えると、あれこれ調べて「お茶の水（女子大学附属高等学校）受けてみる？」と言ってくれました。それまで麹町中学からお茶の水に進んだ人はいませんでしたが、挑戦したんです。

——そうこなくちゃ（笑）。高校生活はどんな感じでしたか。

高校へは、いろいろな地域からの生徒が集まるでしょう。お茶の水に入った百五十人のうち、外から来たのは三十人。下から上がってきた百二十人はすでにお仲間ができていて、そこにぽんと入ったときはちょっと戸惑って、借りてきた猫みたいになっていました。電車通学でしたから、家のそばまで一緒に帰る友だちもいません。ようすはずいぶん違ってしまいました。でもいつものことで、いつのまにかとけこんでいました。

——思春期というのに周りは女子ばかりで。

高校の三年間は、ほんとうに男の子のことを考えませんでしたね（笑）。そりゃあ周りにいれば、カッコいい男の子の噂をしたりもしたでしょうが、いなければいないでどうってことはなかったですね。

――ちょっと想像がつくかも（笑）。勉強のほうは。

物理、生物などは男の先生でしたが、化学、西洋史、数学、英語……女の先生が多かったかな。それに中学と違って、ちっとも若くない（笑）、全員がたいへんなベテラン。大学と行ったり来たりで研究もされている方が多くて、『源氏物語』を熱心に教えてくださった先生は、ご自分の解釈にもとづいて語ってくださった。「源氏の君を思いながら雪の山の中で静かに死にたい」とおっしゃったりして（笑）。今思うと高校生としてはかなりレベルが高いお話を伺ったと思います。それを浴びるように受け止めるという感じかな。英語の先生も、落ち着いたとてもいい方でした。教卓に座って本を開き、英英辞典を使いなさいとおっしゃって、ゆったりと教えてくださいました。その時間が好きでしたねえ。英語の文章をじっくりと読みましょう、という感じで。

生物学に進むまで

――それで、どうして科学の道へ？

高校で最終的に化学を選んだことが今につながってくるのですが、そもそも将来の職業など考えていなかった。自分が大人になるということを、あまり意識していなかったんです。いつも今を楽しむタイプなんです。

何人かの先生に影響を受けたのですが、一人は先ほどの英語の先生。英英辞典って、面白いんです。英語を英語で調べると、わからない語句が出てきて、また調べて、それを繰り返していくとどんどん言葉が広がっていく。覚えていくことが楽しく、授業が面白くて、英語が大好きになったんです。英語を使って何かをする、国連などの国際機関に入るとか、外交官になることを考えたことはあります。

――となると、理系や文系もないですね。

当時はアイゼンハワー大統領のはからいで、敗戦国である日本の女の子を毎年一人呼んで、アメリカじゅうを見せて回っていました。二年上の先輩がそれに選ばれて、私も先生の勧めで試験を受けたんです。最終面接のとき、五、六人並んだ男性試験官の一人に「もし選ばれたとしたら、この経験を将来どう生かしたいか？」と聞かれて、「外交官になれば生かせると思う」と答えました。そうしたら「女のくせに外交官になろうなんて、無理でしょう」と全員が大笑い。私は、そういうものなのか、と納得したんです。実は、のちに同級生が日本初の女性外交官になったのですが、その時はそういうものかと思い込んだ。

――今ならセクハラ発言です。

結果は、広島から受けた方が選ばれて私は補欠でした。その時もしアメリカに行っていれば、人生は変わったでしょう。でもそれがよかったかどうか。

世界史の先生も面白く授業をしてくださった。教科書よりも分厚い、エピソードがたくさん載っている副読本を夢中で読みました。いろんなことを面白がるのに手一杯で、将来何に生かそうとか、何になりたいとかじっくり考える暇はなかったんです。

――えっと、それで化学は……。

最終的に進路を化学と決めたのは、科目で選んだというより、やはり先生で選んだんですね。化学の木村都先生が素晴らしい方でした。教科書に沿って授業はされたのですが、化学の面白さを伝えたいというお気持ちがじかに伝わってくる。実はその後、環境のことを抜きに化学を考えることはできないのに、あなたたちにはそれを教えなかったとおっしゃってご自身で本をお書きになって送ってくださいました。内からにじみ出る魅力や信念のようなものに惹《ひ》かれていったのだと思います。「先生みたいになりたい」、そう思いました。

――ちょっと意外な決め手でした。

大学時代に得たもの

――卒業後、東大理科一類（理一）に入られました。そのときも夢や志望、目標は、やはり……。

とくにありませんでした（笑）。入学してすぐにやったことといえば、留学生のお手伝いです。ちょうど東南アジアからの留学生が来始めたころで、大久保に留学生会館があったんです。そこから国費や私費で来日した留学生がそれぞれの大学に通うのですが、日本語を教えるシステムが整っているわけでもなく、宿舎だけ割り当ててほったらかし。国費留学生は悩みながら苦労を重ねて勉強を続けていましたし、ちょっと裕福な私費留学のお坊ちゃんは渋谷に遊びに行ってしまう。これはいけないと、学生部の先生たちがボランティアで一緒に勉強をするグループをつくりました。敬虔《けいけん》なクリスチャンだった学生部の西村先生が、とりわけ熱心に取り組んでいらしたのがその活動で、私も加わって懸命にお手伝いしたんです。

でも、ちょっと手伝ったぐらいで成績はよくなりません。当時、なんのかんのいっても東南アジアのレベルは低いですよ。あちらの大学では優秀だったとしても、私たちと同じような勉強をしてきたわけではなく、しかも日本語は充分でない。先生だって留学生一人のために講義のレベルを合わせるわけにもいきません。いちばん覚えているのは、最後に先生のところに行って「こんなに一所懸命にやったのだから点をあげてください」と頼んだこと（笑）。

――なにか思い入れがあっての活動ですか。

特別な志をもっていたわけではありませんが、私の得意技は国や地域が違うことが少しも気にならない。同じ仲間として手助けしたかった。留学生と東京湾を船で回ったり、あちこちへの見学にもよく参加しました。日本語で話をするだけでもずいぶん違うでしょう。でも人助けというより、私も違う国の人たちと話すのは楽しかった。中国やタイの人は真面目で、日本人的な感覚でしたね。勉強を手伝っても効果が大きかった。

隣の子を連れてくるのと同じ感覚で、家にも遊びに来てもらいました。とても残念なのは、父が可愛がっていた南ベトナムからの留学生が、人懐こく優しい人でしたが、ベトナム戦争のときに行方不明になってしまったこと。連絡がつかなくなってそれっきり……だから私はベトナム戦争を恨んでいるんです。

生きものへの興味

——その都度、目の前のことに懸命に取り組むという印象です。

入学後の二年間はそんな生活を楽しんでいました。そもそも駒場の二年は、いろんなことをやりながら何を勉強していくかを考える時期で、三年になると専門を決めて本郷に移るのです。

理一では化学部に入り、「生きものの分析をする」グループに属していました。取り仕切っている一年上の先輩がいて、下っ端はそれに従う仲間同士。先輩は、けっこう偉そうに「これしろ」「あれしろ」と言うだけあって、私たちが知らないことを知っている（笑）。なにしろ勉強することは面白かったし、いちばん刺激を受けたのが、その先輩がもってきたアーネスト・ボールドウィンの『ダイナミック・アスペクツ・オブ・バイオケミストリー』（一九四七年）という本。「生化学」（生命・生命現象を化学的側面から研究する学問）というものが初めてシステマティックにわかってきた時期に出た、その分野の名著です。皆で原書を一所懸命に読みました。体の中でものすごいことが起きているのがわかった――今なら基本的な知識ですが、生きものが生きてゆくのに必要なエネルギーはどのように生みだされているのか。あらゆる生きものの体の中ではアミノ酸やリン酸、糖などが、化学反応でどう変化してエネルギーをつくっているのか。物質が相互に作用しながら回路を循環して、私たちが生きるのに必要なエネルギーをつくってはもとの物質に戻る、そのくりかえしで生きものは生きている――とくに循環しているところが気に入りましたね。教科書としても素晴らしかった。私はもちろん、そこに書かれていたことはまったく知りませんでしたし、他の人もほとんど知らなかったんじゃないでしょうか。非常に早い時期にその本を読めたことは、大いに刺激になりました。

不運を逆手に

その後、本郷に進んでからDNAに出会いました。一九四〇年代にDNAが発見されたのも画期的なことでしたが、一九五三年になってアメリカのJ・D・ワトソンとイギリスのF・クリックという二人の若者が、二重らせん構造を発見したんです。DNAの二重らせん構造は、自分と同じものをつくるという遺伝子に不可欠な性質をみごとに抱えこんでいます。細胞が分裂して二つになると、同じDNAがそこに入り、性質を伝えていくのです。非常に新しい視点で、私はタイミングよくそれに出会いました。そういうことが重なって、生きものの研究をしたいと思うようになったんです。

――時機を得られたということですか。

DNAのらせん形は、とても美しく見えました。外国の映画を見て、らせん階段、サンルーム、暖炉のある家はいいなあと憧れていた、その階段と同じ形ですから。結婚して湘南に小さな家を建てたとき、庭の松林に向かって小さなデッキを作るくらいが現実でしたけれど。夏にお友だちが来て、海水浴をしてそこでバーベキューをする。サンルームの気分をほんの少し味わって。その時、掘りごたつをつくりました。これがとてもとても心地よくて、夢の家の要素の一つに加わったんです。いま住んでいる家には、小さならせん階段、サンルーム、掘りごたつがあり、暖炉はあとから買い足して、もう完璧（笑）。オードリー・ヘップバーンの映画みたいなのをイメージしちゃだめよ。実物を見ればがっかりすると思うけれど、こぢんまりとちゃんと揃っているのよ。

――後日、うかがいます（笑）。ともかく、それで化学から分子生物学（DNAを基本に生体のはたらきを知る生物学）の方へ興味が移っていったのですね。ところで、就職は考えられなかったのですか。

卒業を前に、就職は考えました。でも、私より後の時代の人は、「女性は採らない」とあからさまに書く会社がほとんどだと怒っていましたが、私のときはハナからいると思われていなかった。男の子たちは皆、「自分の入った会社はいいですよ」と引っ張りにきた先輩たちに連れていかれましたが、私に声をかけてくれる人は誰もいない。でもそういう時に腹を立てるよりも、何か道はあるだろうとのんきに考える性質なんですね。

――選択肢が狭まって功を奏した？

あのときに誘われてどこかの化学会社に入っていたら、すごい会社人間になって生産性とか効率とか言っていたのかな。想像できません。公務員と先生の道はありましたけれど、やっぱりDNAのことが頭にあって、もうちょっと勉強してみたいという気持ちがどこかにありましたね。誘われないからもう少し勉強を、という方に傾いたのが正直なところ。結果的に正解でした。

――それで一九五九年、大学院は生物化学専攻へ進み、渡辺格《いたる》先生（一九一六―二〇〇七。分子生物学者、日本分子生物学会初代会長）の研究室に入られた。そこではDNAの研究に打ちこんだそうですが、ご結婚も。

結婚は、大学院の終わりでした。理一に入った五百人のうち女性は三人だったのですが、相手はそのときの同級生です。とりたてて家庭への夢があったわけではなく、結婚して家をもつ生活を特別とも思っていませんでしたし、逆に結婚しないとも思っていなくて。やっぱりふつうでした（笑）。

――ということは、一人暮らしの経験はなし？

大学院の一年間、京都で下宿しました。大学院に入って一年後、師事していた渡辺先生が京大に移られたんです。二年で修士論文を書いてマスターを終えなくてはなりませんから、一年で置いていかれてどうにも困ってしまって。それで後半の一年は大学院に籍をおいたまま、先生について京都に行き、修士をとりました。当時は女の子の一人暮らしはあまり例がなくて、まあ一年だけなら、と。この時は休日には京都のお寺を巡って楽しかったです。一年たって東京に戻り、江上不二夫先生（一九一〇―

八二。生化学者。戦後日本の生化学を牽引した）につきました。そこが逆に、私がじつに幸せだったところ。最初の師に置いていかれたことはある意味で不幸だし、運が悪いとも言えますが、渡辺先生と江上先生の弟子になれたのは私だけ。お二人とも「もう江上家に行ったんだから」とか「最初は格さんなんだから」なんてちっともおっしゃらずに、最後まで気にかけてくださったんです。

産休と仕事復帰

――理学博士となり、二十八歳で国立予防衛生研究所（現国立感染症研究所）に入所されました。衛生状態が悪くて結核や腸チフスなど感染症が蔓延《まんえん》していた時代、その対策のための研究をして抗生物質やワクチンの開発、管理をする研究機関、とのことですが、二年後に出産・育児で退職されました。

ここもよい先生、よい仲間ばかりの恵まれた環境で、しかもそこまで育てていただいたのですから、冷静に考えたらやってはいけないことですよね。

もちろん仕事は楽しかったです。当時は主人の両親の屋敷の端っこに小さな家を建てて住んでいました。とてもいい人たちです。でも、明治生まれで厳格に育ったのですから、乳飲み子を置いて母親が働きに出るなんて考えられない世代。いけません、と言われなくても、そもそも選択肢に入っていないことがわかりました。私はそれを受け入れていたし、当時は保育所もなかった。いろいろ言い訳を言っていますが、はっきり言えば、怠け者なのです（笑）。仕事をいい加減な気持ちでやっていたのではありませんが、頑張って偉くなろうという気持ちはありませんでした。毎日を大切にできることをやろうと。そこで、わがままを許していただき、二人の子どもとの暮らしに入ったのです。幼稚園の送り迎えを楽しんでいました。

――その子育ての時期に、多くの子どもの本にも出会われたんですね。

そうです。生きもののことを考えるうえで今の仕事に通じるまど・みちおさんの絵本に出会ったのもこの時期です。それに、ほんとうにありがたかったのは、江上先生が家でできる本の執筆や翻訳をさせてくださったこと。ジェームズ・ワトソンの『二重らせん』を先生と共訳で出しました。

――「日本における分子生物学の一般への啓蒙に大きな役割を果たした」画期的な名著といわれるものですね。江上先生としては全然、手放していなかった。

不肖《ふしよう》の弟子なのに。下の子が三つになった時、先生が「そろそろ（仕事に戻っても）いいんじゃない？」とおっしゃった。私は「エーッ」ですよ。その時その時が精一杯で、職場に戻る計画など立てていませんでしたから。東大を停年になり、新しい研究所を創設される時だったのです。「でも、まだ小ちゃいんです」とためらっていると「一度連れていらっしゃい」。それで二人の子を連れて先生の研究室に行き「これぐらいなんです」と（笑）。そうしたら「もう大丈夫だよ」って。それで、昼間はお手伝いさんを頼んで仕事を再開しました。

――たいてい結果オーライになる。

振り返るとなんと勝手なと自分でも呆れますが、もし育児休暇をとらずにあのまま仕事を続けていたら、今の仕事はしていません。「生命誌」という発想も生まれなかったでしょう。仲間と同じ方向に、〝進歩〟の方へ向かってどんどん歩かなければならなかったと思うから。

――ところで〝人生の危機〟のようなことは、なかったのでしょうか。

まるで波乱のない人生なんです。こないだそんなことを話していたら、娘が「私が家出をしたじゃない」と言う。そんなことあったかしらと、すっかり忘れていました。まだ幼稚園も行っていない三つぐらいの頃、原因が馬鹿馬鹿しいんですけれど、私がおやつにさつま揚げを出したそうです。娘が「おやつにさつま揚げはない！」と文句を言ったら、今日は何もないから我慢しなさい、と怒ったらしい。それで「こんな家にいられない」と家を出たんですって（笑）。鵠沼《くげぬま》海岸の商店街の八百屋のおばさんが、「どうしたの」と聞いてくれて、「おやつにさつま揚げを食べなさいと言われた」と答えると、かわいそうに、とバナナをくれたんですって。それを食べていたら、おまわりさんが来て「お父さんとお母さんが探しているよ」って。まったく馬鹿馬鹿しいでしょう（笑）。

――それ、人生の危機ではなさそうな……。

でしょう。まだそういう地域があった頃ね。八百屋のおばさんはとても親切だったし。いま住んでいる街にも商店街はありますが、昔ながらの風景はどんどん減ってきていますね。

生命科学スタートの「転機」

――仕事を再開されたのが一九七一年、三十五歳のときですね。

私の転換期です。江上先生のすすめで「生命科学」を始めることになりました。人間も生きものなのだから、生きものとはどういうものかをよく知り、ちゃんと暮らしていけるような社会をつくる、それをやろうとおっしゃった。先生がそう考えられた理由もちゃんとありました。当時、豊かにしよう、豊かにしよう、と言っていたら公害が起きてしまった。四日市でぜんそくが起こり、決定的だったのが水俣病《みなまた》です。

どうして水俣病が起こったのか。充分な食べ物をつくるための農業用肥料をつくるチッソという会社が触媒に使っていた水銀を海に流した。太平洋までつながっている広大な海に流せば薄まっていく。そう考えたから罪の意識もなく水銀を捨てたんです。捨てた人は、海は水だと思っていたんです。

――どういうことでしょう、海は水じゃないんですか。

物理学でいえば海は水ですよ。でも生物学で考えれば海は水ではなく、生きものが生きている場所です。そこには魚もプランクトンもいる。そこには食物連鎖がありま す。だから単純に薄まることはなく、濃縮されていったんです。そして最後にいちばん濃縮された魚を人間が食べたから水俣病が起こった。つまり何がいけなかったのか、海を水だと思ったことが間違っていたんです。そして、そのことをちゃんと発信し、こういうことをしたらこういうことになりますよ、だから水銀を捨てちゃダメなんですと言えなかったのは、生物学者の責任でしょう。それまで水俣病のことを考えたことのなかった私に、先生がそうおっしゃった。以来、生きものの研究を基本にした発言をし、世の中を変えていかなければいけない。そう気づいたことが一九七〇年に生命科学を始めたときの気持ちです。すべてはそこから、です。

それまでの私はノホホンとしていました。研究が面白くて、生活は楽しい、社会はどんどん豊かになっていく、気持ちよく暮らしていて、悩むことは何もなかった。でも生命科学を始めた時点でそのことに気づいた。何かをすぐに変えることはできないけれど、それまで科学といえば物理学であり、人工の世界をどんどん作ろうとしてきたのは、何か違うんじゃないか——そこで「人間は生きもの」という思いが強まった。そこから今の私の生き方が始まったんです。私にはそこしかない。そこと関係のないことをやる気はない、となったのです。

ブレずに続ける

——その転換が、歴史や日常とつながる〝生きものの物語〟としての「生命誌」へと展開してゆくのですね。

すべて正確で、きちんと分けられるのは機械ですが、曖昧なものがあるのが生きものです。そこで科学だけに閉じこもらないことにしました。お茶碗をつくっている樂《らく》吉左衛門《きちざえもん》さんとお話をすると、私の考えと重なる。たとえば、侘《わ》びや行間の世界。西洋では言ったことは言ったこととして明快なのですが、日本人は行間を読みますね。「忖度《そんたく》」という言葉は今、諂《へつら》いをごまかすために使われていますが、忖度をできない人がいると面倒じゃないですか。一緒に暮らしていれば、お互いを思いやって、こうしたほうがいいか、こんなことしたら迷惑かな、という気持ちをもつことは大事です。おもねるや媚《こ》びるとは違う。

――忖度もいろいろ。

日本人の考え方として樂さんがおっしゃっていることは、じつは生きもののことなんだ、と思えるんです。日本人は身体性や型を重んじたり敏感であったりする。焼き物と生物学、と分ければまったく違うようで、樂さんは土に自然を見ていて、その自然から生まれてくるものへの視線は、私が生きものを見ている視線と同じ。土と語り合うのは、私が生きものについて考えることと重なるんです。あらゆる分野で自然とのつながりを考えている。これを大事にしないとよい社会になりそうもありません。

――物は豊かでも……。

私の子ども時代は、いつもお腹を空かせていましたが、だんだんよくなる時代を過ごしてきたし、周りの大人も一所懸命にがんばっていると思えたから幸せでした。今の子どもは苦労しないでお金を稼ごうとする大人を見せられたりして、「だんだんよくなる」という感覚が持てないのではないかと心配です。

生きものは、それぞれが懸命に生きているのですが、その結果どれもがそれらしく生きられるようになって続いてきました。それを支えているのが多様性です。他がいなくなれば、自分も生きられない。生きるために他のものを食べたり、戦ったりはしますす。でも一人勝ちはない。皆がそれぞれ生きていて、皆がいないと成り立たない。一人勝ちを考える人間は賢いようにみえて、賢くないのではないかな。

私ができるのは、今やっていることをブレずにやり続けることです。お金や権力ではなく、生きものや自然を身近なところから考えて生きていくことが大事と考えている「仲間」はいる。何をやっているかではなく、何を見ているか、何を求めているか、です。分野は違っても、同じことを見て、同じところを求めている人は、呼び合って広がっていく。そうやって物事をまっとうに考えていくのが、私にとって大切なことなんです。

館の中央を上る「生命誌の階段」は展示で38億年前→10億年前→現在を体験できる

「生きる」って何だろう

〈活動の拠点、大阪府高槻市にあるJT生命誌研究館にやってきました。生きものを見つめ、研究し、その過程や成果を表現することを通して自然・生命・人間について考える場として、開放的な雰囲気のなか、最新の研究成果に基づいた展示やイベントが盛んに開かれています〉

生物の基本はメス

――初めてお会いしたとき、いきなり国政への憂いを話されました。生物の研究だけでなく、常に国内外の動きに関心を持たれています。

生きているうえでこの程度はねえ。でも政治のかけひきや経済は苦手です。金正《キムジョン》恩《ウン》もこの頃顔が変わってきたとなあか、日常感覚ですね。今の動きは男の世界でしょう。「本質を考えれば、おかしいじゃない?」と言えるのは女性です。男はそれができません……という体験をしてきましたね(笑)。

——例外はいませんでしたか。

なし! ですね。まど・みちおさん、かこさとしさんなど、フリーで活動をしている方にはたくさんいらっしゃいますよ。でも、組織のなかで、上へ上がっていくという時にそれをできる人を見たことがないんです。男の人にも本質を考える気持ち、本当に今やるべきことは何かを考える気持ちはあるはずですが、でもそれをそのまま出せる人、権力に気を使わずに生きられる人はなかなかいない。組織にいて、おかしいことをおかしいと言える男性を最近見ませんね。

生物学的にいうと、メスが基本なんです。私たちの始まりである受精卵で、性染色体がXXだったら女の子、XYは男の子と性が決まる。Xのほうには生きていくための基本の遺伝子がたくさんあって、メスは二本のXが補い合います。いっぽうYは、男の子であるように働く少しの遺伝子をもっていて、それがホルモンをつくり出したりして男の子にしていく。続いていく基本もメスによるでしょう。ほんとうに「生きる」ということのベースはメスと考えられる。

――YYはあり得ない？

ない（笑）。YYだと生きられません。Yは、なぜか次々と遺伝子を失ってきた歴史があります。

――でも女の子だけでは世界はできませんよね。

もちろん。男は必要じゃないとかダメだとかいうことではありませんよ。性が生まれたのは大事なことです。もともと生きものにはオスもメスもなかった。三十八億年前に生まれた最初の細胞に、男女はありません。バクテリアの中にもオス的な役割をするプラスミドという小さなＤＮＡがありますが、本来のバクテリアには性別はない。

――いつ頃からオスとメスの区別ができはじめたのですか。

多細胞生物ができた二十億年ぐらい前。

まず、最初は原核細胞といって、ＤＮＡは入っているけれど、核はない。遺伝子が裸で散らばって細胞壁の近くにある。それを核のなかに入れて、私たちのような真核細胞になったのが二十億年前です。真核細胞になると、多細胞生物ができるようになった。原核細胞は一個で生きていますが、真核細胞は集まって大きくなり、目に見える生きものを生みはじめる。そこで初めてオスとメスができて、個体は死ぬようになったんです。原核細胞のうちは、分裂を繰り返していればよかった。それが分裂で増えるのをやめて、つまり一つの生きものが分かれて二つになるのではなく、オスとメスが生殖ということをして次の子どもを生み、自分は死ぬことになったんです。死ななくてよかったものが、オスとメスができて死なざるを得なくなり、しかも混ぜ合わせをしますから、「個体」という唯一無二のものが生まれるようになった、というわけです。

――なにか、すごいことですね。

そう、分裂して増えている段階では、どれもが同じでしょう。それが、二つの細胞のDNAの組み合わせでいろいろなものが混じり合うようになり、唯一の個体ができる。そういう仕組みができたのはすごいことですね。

だから、「生と死」が対《つい》なのではなくて、「性と死」が対なんです。「エロスとタナトス」というでしょう、現代生物学なんて知らなかった古代ギリシアの時代からある言葉です。仕組みなどわからなくても本質がよくわかっていたということです。生きる情動と死への衝動は表裏ということは、人間が本質的に見えていたということですよね。生物学って思いがけないこととつながって面白い。

科学は人類の共有財産

――科学を知らない古代人が、世のことわりを直観していた？

科学の細かいことは別として、性が生まれたことによって死も生まれた、そういうことって本質的でしょう？　古来さまざまな哲学、文学や芸術などに、「性と死」を対にする感覚はあったと思うのね。それはそれで興味深いけれど、私にしてみれば、科学によって、DNAがあれこれはたらいて、核の中に染色体をもつ、真核細胞が生まれて……といったことが〝事実〟としてわかってくると、もともとあった感覚がより納得できる、ストンと落ちる気がするんです。

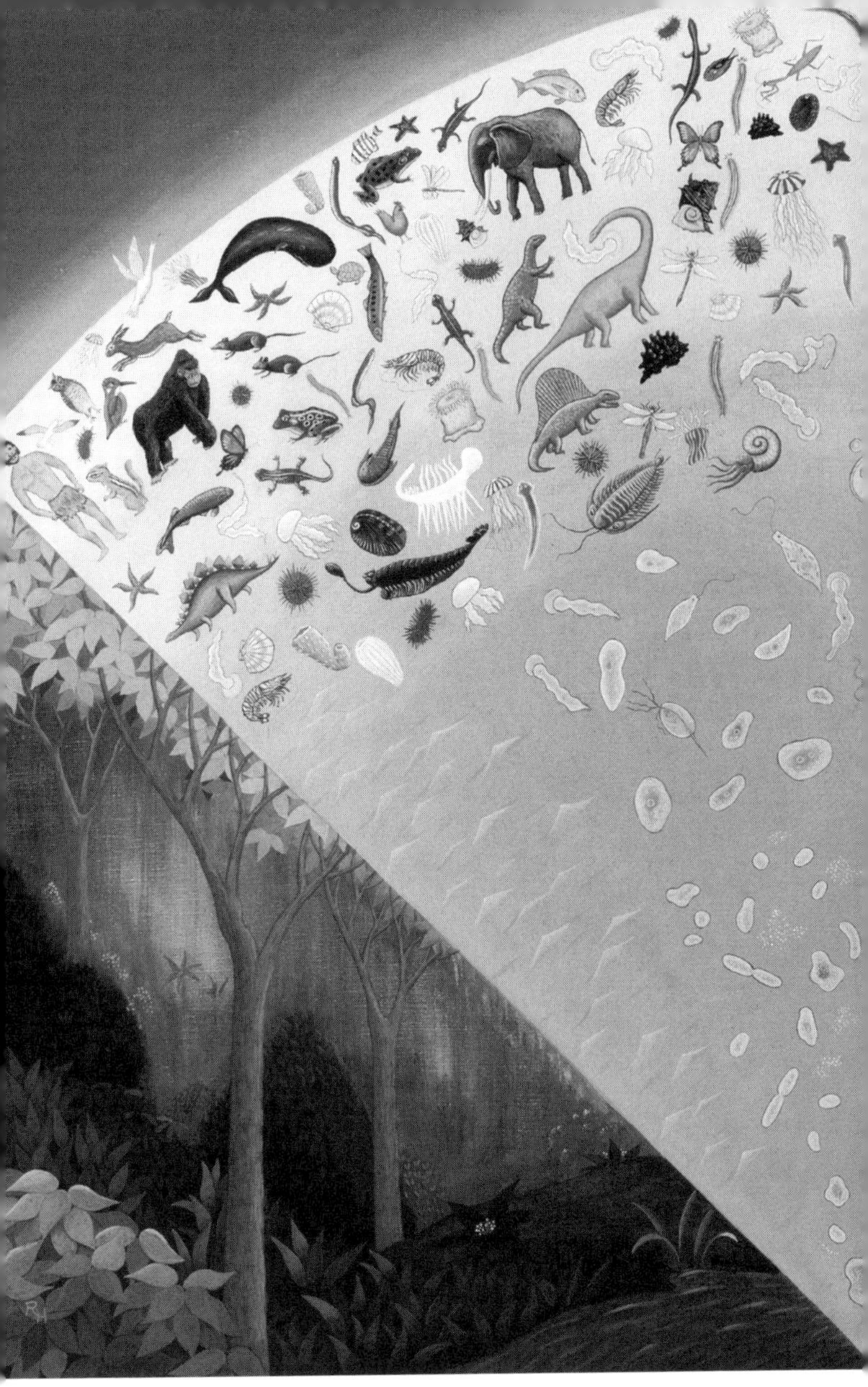

「生命誌絵巻」には人間もあらゆる生きものの仲間として一緒に描かれている

――科学は立証をしてくれる。

感覚的なものは人それぞれだけれど、科学によってわかることは皆に共有できる事実でしょう。そういう意味で、ＤＮＡの細かいはたらきの理解ではなく生きものの本質の一端が「事実としてわかる」となれば共有財産になる、皆がいろいろなことをわかり合う一つの方法として、とても有効なものだと思うんです。

――ああ、なるほど。

おそらく歴史を辿り、世界の文学を読んだら、いま科学でわかってきていることを予感するような文言は山ほどあると思います。だから生きていくうえで科学が絶対に必要だとか、科学が真実であって他はどうってことない、などとはまったく思いません。ただ現代は「グローバル」という言葉に代表されるように、世界中の人がお互いにわかり合いながら生きていくことが必要になってきています。ギリシアの人はギリシアの人、中国の人は中国の人で暮らしている時代は、感覚で充分だったと思うのですが、これだけ世界が広くなれば、やはり共有するものがあった方がいい。そのときに科学の知識は有効だと思う。キリスト教では「人間は特別だ」と信じてきたにしても、科学によって人間はチンパンジーと共通の祖先から進化してきたんだということが証明された。ダーウィンは、そういう主張をしたときに「お前の祖先は猿か」と言われてしまったわけです。当時はDNAだとか、事実として示せることがまだ充分でなかった。でも今や、ゲノム（生物の種に固有の構成をもつDNAの総体）を分析して説明すれば、チンパンジーのお隣に人間がいることは明らかです。もちろん進化論を信じない人はいます。非常にプリミティヴなキリスト教を信仰して進化論に反対する人は、とくにアメリカに多い。けれど欧米の人に「生命誌絵巻」（56〜57頁写真）を見せると、とても興味深いと言ってくれます。

——それが科学の力ですね。

科学の歴史と限界

人間も生きものの一つですが、もちろん特別なところはあります。ローマ教皇ヨハネ・パウロ二世がヴァチカンで科学者を招いて会議を開き、私たちの体は進化の過程でできた、つまり猿ともつながっているという科学は認められました。ただ、人間には霊魂を神さまが入れてくださった。つまり人間の体ができてくるところは進化論を認めるというのです。宗教と科学とは対立するものではなく、共に人間の生き方を支える考え方を出し合っていくものだということでしょう。魂を科学で考えるのは無理な話ですから。

——科学にも限界がある？

もちろん。それぞれの生きものがそれぞれらしく生き、そのなかで人間は魂をもって生きている。とってもいいと思います。「霊魂なんてとんでもないことを言うな」と科学者が言う必要はないし、魂を科学で証明できますかと問うのも間違っている。

——科学ですべてがわかる、と考えている科学者もいるんですか。

たくさんいます、とくに日本人には多いかもしれません。霊魂などについて深く考えずにすんでいる社会とも言えます。キリスト教世界で神さまについて考えれば、霊魂に思いをいたさずにはいられません。私は自然への畏《おそ》れは感じ、それが一つの宗教的感覚だと思っていますけれど、そうなると他の生きものとのつながりの方を強く感じますね。

――八百万《やおよろず》ですか。

そうかな。とんでもない猛暑など、どうしようもない自然の力を感じると、神さま怒ってらっしゃると言いたくなりますでしょう。そして「こころがけ」をよくしなければと思うのです。科学では「心の理論」というのがあり、子どもが三歳ごろになると相手の気持ちを推測する能力が出てくるとされています。最近もっと早くからとも。するとと自分がイヤと思うことは相手にもしないという気持ちになりますね。それが心が通じるということ。これだと、花がいま水を欲しがっているかなと考えるところにまで広がり、あらゆる生きものとのつながりの中で考えられるようになる。難しいことは苦手なので、あまり突き詰めずに私と誰か、私と花との間ではたらくのが「こころ」だと思っています。

――生きものは矛盾だらけで、一定ではない。

そうです。科学は物理学が一番の基本で、自然は数式ですべて書けて整合性があるとしてきたけれど、そもそもそうではない。生きものを対象としたら、自然は矛盾も偶然性も含めて考えていくことが大事でしょう。

「サイエンス」にはそもそも「数式ですべて書けて整合性がある」という意味はなくて、「知る」が原義。「自然を知る」ということだから、法則でさまざまなことがわかるのも素晴らしいけれど、法則ではわからないことも出てくるのは当たり前でしょう。そうしたらまた、違うかたちで理解しましょうと考えていかなければなりません。生命科学でなく生命誌を始めたのはそのつもりです。

生命の起源

——ところで、生命の起源はいずれ明らかになるのですか？

そう思います。今ずいぶん研究が進んで、いろいろなことがわかってきているんです。

——ほんとうに⁉　はじまりは植物ですか。

いえいえ、まずはバクテリア。植物が出てくるまではたいへんよ、まず光合成ができるようにならなければならないし。三十八億年ほど昔の海の中に生きものがいたという痕跡があるので、始まりはその頃と考えられます。どこでどうやって生まれたのかはわかっていないけれど今後十年、二十年くらいでかなりわかってくる気がします。

深海底に生きものがいるなんて、ついこの間まで誰も考えていなかったのに、今では真っ暗で高圧のなかにいる生きものが見つかっていますでしょう。常識でものを見ると人間はもちろん、身のまわりの生きものの生き方から見て、そんなところでは生きられないと思ってしまう。深海底や地底、さらに宇宙など、さまざまなところが調べられるようになって、生きもののいる場所、そしている可能性のある場所は広がってきました。圧力が高くて水温も三〇〇度あり、硫黄《いおう》などの化合物がある深海は生命体が生まれた場所の候補として考えてよい、今はそんなふうに思われているわけ。ただ大昔の話ですから、科学としては、実験室の中で生まれる条件を作って証明することが必要でしょうね。

――再現するということ?

そう。それは難しい。生きものをつくっている物質が全部わかっても、生きものの中ではたらいている約束事は、わからないことだらけですし。私の今一番知りたいことは、生きものの中にある約束事なんですけれど……難しいですね。

——あ、期待しすぎました。

いちばん知りたいこと

——でも、そもそも生命の起源を知って、どうするんでしょう。

あなたは知りたくないの？（笑）人間は知りたがりやでしょ。とくに自分が生きものなのですから。その始まりは知りたいな。この世界はどんなふうになっているのか。それを一つずつわからせること、やらないではいられないと思うんだけど。しかも、わかったことをもう少し調べてみたら、さらに新しいことがわかるので、面白いと思うの。

——そのために生命誌研究館をつくられて四半世紀。生きるとはどういうことか、虫や動物など身近な生きものを通して日々研究を重ねておられますが、館長である先生

がもっとも知りたいのは、生命の起源ということですか。

やっぱり一番知りたいのは人間。私が人間ですから。人間って、なんでこんなに変なものなんでしょうね。

——え？

ヒトゲノムという人間のもっているDNAがすべて解読されたことはご存知でしょう。ゲノムという全体を知ることで、人間がわかってくることを期待したの。それに脳研究からも人間のことがわかりそうだし。でも、全体像をつかむのはますます難しくなっていると実感しています。人間についてはわからない中で技術は急速に進歩しているのだけれど、「進歩」は考え直さなければいけないところにきているのではないかと思うんです。

近代社会の価値観は「進歩」であり、辞書を引くと、「物事が次第に発達する、よい方、また望ましい方に進み行くこと」とある。じゃあよい方、望ましい方とは何か、おそらく「便利になること」。手が抜けて、速く、思いどおりにできること。たしかに産業革命から人間はずっとそれをやってきたわけです——先進国の話ですが。

日本で、日常的に誰もが進歩の恩恵にあずかれるようになったのは二十世紀後半です。台所には、炊飯器、冷蔵庫、電子レンジがあり、フードプロセッサーまであったりする。昭和三十年に東芝が初めて電気釜を売り出したとき、驚いたのは、ご飯が炊けたらスイッチが切れること。さあ炊きましょう、とスイッチを入れるのは人間だけれど、炊けたら自然に切れる自動ですからね。

——革命的。

その二年前に、テレビ放送が始まりました。映画館に行かないでも家にいてドラマが見られる。こんな便利で楽なことはないじゃありませんか。戦争中に開発されていたものが戦後に一度に生活に入ってきたわけです。いまふつうに家の中にあるものはみんなそれ以来のもの。二十世紀後半の五十年に、生活がガラッと変わって便利になった。たしかに豊かさを感じ素晴らしかった。女の人は、外に働きに行けるでしょう。予約もできるようになり、スイッチを押して出掛ければよくなったんですもの。

——ふいごでふーふー炊いていたときは竈《かまど》の前で見ていなきゃいけなかったんですね。

そこまで戻らなくても（笑）。ただ、同時に技術で生活を豊かにすることが、もう一つの変化をもたらしました――「自然離れ」です。たとえば空調。自然は暑かったり寒かったりで厄介なのに、エアコンで一年じゅう同じ気温のなかに暮らせるようになった。

――快適、ですね、湿度まで調節できて。

白くまくん（笑）。生活から四季が消えることにもなりましたね。しかもその便利さを支える産業活動の結果、水俣病に象徴される自然破壊が起きました。この自然の中には人間も含まれます。実は人間も自然でしょ。ここをよーく考えないといけないでしょう。「それも科学で解決すればいい」という考えもあり、おそらくそう考える人の方が多いかもしれません。

AIと生命科学技術の危うさ

ただ、私は人間は生きものであり自然の一部という事実を大事にして、そこから考えたいので、私たちの考え方、少し面倒な言い方をするなら世界観を変える時が来ていると思っています。

今これまでと違うことが起きているように思うからです。二十一世紀に入ってからの技術は、直接人間に関わり合うようになってきていますでしょう。一つはコンピュータ技術でAI（人工知能）が典型ですね。もう一つはゲノム編集などを含んだ生命科学技術です。そこにロボットなど精巧な機械も加わり、人間に迫ってきているような気がする。そう思いません？

——遺伝子を操作するとかいう……。

DNAや細胞を操作する技術も進んでいます。進歩がいいことであって、どんどん変えていこうということが人間を変えるというところに近づいています。電車に乗ると、皆がスマホばかり見ているでしょう。すぐそばに他人がいるのに、何の関係もない。人間を変える技術を受け入れる準備が整っているような気がします。

——たしかに。先生はスマホをお持ちなのですか。

一応。新幹線の中でものを書いていて、調べたいことが出てくるとインターネットを使いますが、携帯電話としては家族との帰宅時間や夕飯の予定などの連絡だけです。

そもそも機械の扱いは上手くない。お風呂を沸かそうとすると「湯張りします」というのよ。うるさい、わかってる、と(笑)。

自然は面倒くさい

自然の面倒くささの一つは「関係」です。私たちは、自然や他の人たちとの関係の中で生きているわけでしょう。アメリカで、通販のアマゾンが生活のすべてを世話し、それで暮らしている家族がいるというニュースを見ました。部屋に話しかける物体が置いてあって。

――AIスピーカーですか。

お父さんもお母さんも子どもも、それに向かってしゃべると注文してくれて、生活に必要なものすべてが配達されてくる。そのためにショッピングモールが次々につぶれていく。これはどんどん進むでしょう。スマホへの没頭はそこにつながるのでは。人間そのものが技術によって変えられつつあるという気がするの。

——こわくなってきました。

炊飯器に始まった便利をありがたいと思っているうちに、自身がそこにはまり込んで、自分が変わってきはじめている——これは今までになかったことではないかしら。

——無意識のうちに。

生命科学の技術は、そこまで急ではないけれど、最近ゲノム編集とか遺伝子ドライブという新しい技術が出てきています。細かいことをお話しする余裕はないけれど、今、倫理的にやってはいけませんと言われて歯止めがかかっていることも技術が進めば変わるのであって。

——ロボットも人間そっくりに作られたりしてますね。

ロボットも特定の人そっくりに作るというのは気になりますね。ドラえもん型でタケコプターや、どこでもドアを頼むというのがいいかなと。会社の受付も、リアルな女の子のロボットでなく、ドラえもん風のがいた方がちょっといいでしょう(笑)。

二十一世紀の技術は、「人間という自然」を、「完全に自然離れしましょうよ」という方向へもっていきかけているように思えるんです。今の技術の延長上で「進歩はよろしい」と言っていると、技術が外側を変えて私たちに何かを提供してくれるのではなく、「私たちを」変えていく。だから、そろそろ「このタイプの進歩はほんとうにこのままやっていっていいんですか」ということを、一人ひとりが考えないと危ないと私は思います。科学者さん、技術者さんどうするの、ではなくて、もうこれは人間自身のことですから、「あなたはどう考えますか」と問われている。技術者はできることがあれば、楽しくてどんどんやる。それをただひたすら面白がっていると、十年後、二十年後、おかしなことになっていると思います。

——おかしな、というと。

いま私たちがふつうに「人間はこうだ」と思っている状況ではなくなるんじゃないかしら。私は技術に対しては割合に甘いというか、あまり困ったことにはならないと思ってきました。ただ、いま人間が劣化しているようで。一つは言葉です。人間が人間らしく生きるには仲間と言葉を使って語り合い、考えを深めていくことが不可欠でしょう。でも、それをもっとも必要とする国会で言葉がまったく機能していません。この劣化と近年の技術が重なったら、人間は本来の人間ではなくなるでしょう。人間の劣化と技術の問題は、無関係ではないんじゃないかしら。

――負のダブル効果ですか……。

数で計れないもの

「進歩」で「よい」を示すのは数字でしょ。数値化しないと認められない。いちばんわかりやすいのは、記録を何秒更新しました、一番になりました、何対何で勝ちました……。だからスポーツが非常に評価されている。加えてメダルの数でしょ。そこで行き違いが生じ、さまざまな問題が起きています。記録はすばらしいけれど、全体の体質は……。それに、怪我がとても多い。本来スポーツは体を健康にし、楽しむためのものなのに。

――お金も絡んできます。

『ボルグとマッケンロー』（スティーヴン・ティグナー著）という本を読むと、多額のお金が動くようになったのは最近なんですね。スポーツ選手の巨額の報酬が報道されたり、国民栄誉賞を若い人にあげてしまう。本来、長い間努力を続けて成果をあげた人に差し上げるものでしょう。もらった人を非難するつもりはありません。またスポーツで努力をしている若い人は魅力的です。でも社会の扱い方が気になります。

――スポーツがかわいそうに思えてきました。

「燃え尽きる」のも恐いですしね。若者たちがスポーツをやることは素晴らしいけれど、日本はもっとコミュニティスポーツ、誰でもできるスポーツが広がるといいですね。「夕方に時間があいたからスポーツをやりましょう」と誰かが声をかけると気軽にできる仕組みです。これがあるのが先進国ですよ。前からのコートの予約が必要とか、高い会費を払わないとできないことも多い。

――先生はテニスをしておられるんですね。

なぜかボールを追いかけるのが好き。犬と同じですね。ただ、直接触るものよりテニスや卓球などラケットを介してする競技が好きみたい。

――それは謎です。

練習不足もあって決して上手じゃないけれど、とても楽しい。卓球も、昔は職場の隅っこにある台で楽しんでいました。でも、ゴルフはいくら誘われても行く気がしない。止まっている球を叩くなんて、やりたくないって（笑）。皆さんあれだけ楽しんでいらっしゃるんだから面白いゲームに違いないんでしょうけれど、止まっているものを打つ気はしないんです。

――虫や菌と同じ、動くものを追うのがお好きなのかも。

テニスも、きれいにボレーが入ったり、センターセオリーでスパッと決まったり、ストレートで脇を抜いたりすると、めちゃ嬉しい。めったにできないから（笑）。だけど、点数はあまり覚えていないんです。終わって皆でビールを飲むとき、「あの試合は何対何だった」とか、敗けた言い訳をするなど勝敗にこだわる人もいるでしょう。私はすぐ忘れる方。プロセスが好きなんですね。

生きものに国境はない

――活動はいよいよ生物学の枠を超えていますね。

本当にいろいろな方と一緒に。その一つに、長いおつきあいになる韓国のアーティスト崔在銀《チエジエウン》さんの応援があります。一九八九年にベルリンの壁が壊れたときは、ほんとうに世の中がよくなると思ったんです。ブランデンブルク門を東独の人たちが大喜びで西側に入ってくる映像を、この先、皆が自由を楽しめるいい社会になると信じて見ていました。今期待は裏切られていますけれど。その時、彼女は「まだ一つの民族のなかに国境があるところがある」と言いました。朝鮮半島です。そのときの気持ちを『On The Way』、まだ道の途中だという映画にしました。政治色を出さず、美しい映像にしたんです。

宇宙飛行士の毛利衛《まもる》さんが地上に帰還したあと、「宇宙からは国境線は見えなかった」と言ったように、地球の上に国境線はどこにもない。生きものたちには本来、国境はありません。人間だけが線を引く――そういう意味を込めた〝詩もどき〟の文章を私が書きました。板門店《パンムンジョム》の軍事境界線は、こっち側で転んだら向こう側に行ってしまいそうな、コンクリートの低い仕切りなんです。向こうへ入ったら撃たれても仕方ない、だから行くときは「命がどうなっても構いません」と一札《いっさつ》入れる。映画では小学校六年生の女の子が、境界の南側に立って、「生きものに国境はない」という私の文を読んでくれました。そのとき、じっさいに蟻があっちへ行ったりこっちへ来たりしていました。人は越えられないけれど、蟻は平気。政治でなく、生きものや文化の共通性を訴えたんです。

崔さんが数年前から言いだしたことがあります。三十八度線は板門店だけでなく朝鮮半島ぜんぶに引かれ、鉄条網が張ってあります。軍事境界線から南北に二キロ、幅四キロの非武装地帯が続いている、そこに人が入れば撃たれてしまうわけで、朝鮮戦争が終わって以来、六十五年間も人間が入っていない場所なので、その一帯は生きものたちの天国なんです。

――草とかが生えているんですか？

生えるどころか、お花はきれいに咲いているし、鹿や兎など、動物たちが元気に跳ね回っているし、絶滅危惧種といわれている草花もたくさんある。その幅四×二四八キロはある意味では世界一、自然が守られている場所です。

――どこをとっても森みたいに。

ぜーんぶ自然。それも、ほとんど手つかず。そこで、一つには、南と北がつながってほしいという願い、もう一つ、せっかく残されたその地帯をそのまま守りたい、と彼女が構想した大プロジェクトは、南から北へ橋を架けること。

——歩道橋のような？

かなり長い橋です。自然を生かして素材も自然のものでと考えています。そして真ん中にシードバンクをつくる。絶滅危惧種も含めて種を大事にとっておく場所、それを研究する施設もつくる。境界がないわけですから、南の人も北の人も「ここの自然を守っていきましょう」と一緒に研究をする、そういうプロジェクトなんです。橋の途中には世界の一流のアーティストの作品を置き、それも楽しめる。アーティストたちは楽しみにしているようです。

——壮大ですね。

なにか夢のようにも思えましたが、五十年先でも百年先でもいいから、ほんとうに大事なことを考えたいね、と話し合ったんです。今できるとかできないとかいうことではなくて、とても大事な提案をしようと。最近になって北と南が動いてきています。

具体的な支援が出てきています。ここでやりたいことは、世界一政治的な場所を、まったく政治抜きで考えようということ。ここにこんなに素晴らしい自然があるのだから、大事にしてちゃんと生かそう、開発競争に巻きこまれないようにしよう、というだけの話なんです。

――難しそうでいて、とてもシンプルなことかも。

生命誌絵巻をもういちどよく見てください。もとは同じで、植物も動物もそこから生まれます。牛になり、馬になり、猫になり……それでいいんです。どれが偉いとか、正しいとかではなくて、牛は牛、馬は馬、猫は猫です。誰かが権力をもつのではありません。宗教や思想など、自分たちが正義だと言い、他を排除することに絡んで紛争が起きています。自然への畏敬をもって、その一員として生きるのであれば、お互いが分かち合い、助け合っていくことでしょう。

日常をていねいに

〈世田谷区内のご自宅を訪問。最寄りの賑やかな駅から歩いて七分、ぐっと静けさをおびた住宅街の奥に、草木に覆われた崖状の広い庭、不思議な三階建て。玄関を入る〉

仕事は食卓で

――これが、憧れのらせん階段ですか。

そうよ、そう思ってよ（笑）。

――円窓も素敵。まさに映画に出てくるようです。らせん階段を下りると半地下にリビング、庭に面したサンルーム……憧れていた、「理想のおうち」ですね。

住んで二十年以上になるけれど、建ったのは昭和四十年代じゃないかしら。イタリアと貿易をしていた貿易商の方が建てたらしくて、庭もイタリア風なんだそうです。間取りはほとんど変えていませんが、全面的に改装しました。リビングには、タイで使われていた水車を持ってきて、椅子は木製の農具だったものです。

――ぬいぐるみがあちこちに。

なんとなく(笑)。うさこちゃん、クマちゃんは湯たんぽなのよ。

――家での仕事は書斎でされているのですか?

私は書斎を一度ももったことがないの。仕事はすべて、食卓でやってきました。論文も書評も食卓で書いてきた。子どもたちと一緒に。

最初の家では大きな円いテーブルを食卓にして、周りに皆で座り、それぞれの仕事や勉強をしていました。主人も同じです。本棚や書類をしまっておく書架はありますけれど。一生それでやってきました。今は掘りごたつが食卓兼仕事机です。家族のなかで個々が分けられていなかった、自分が育ったそういう環境が影響しているかもしれません、何をするのも皆が一緒でしたから。「ここが私の書斎です」と閉じた空間

にしたくない。

――読書も掘りごたつで。

そうね。本は電車で読むことが多いかな。新幹線によく乗りますし。

――あれ、部屋の隅に、いぶし銀のようなオーラを放つピアノが……。

みかけはどうってことないけれど、いい音がするのよ。深くてよく響く（ポロロンとメロディーを奏でる）。スタインベルク・ベルリンと書いてあるでしょう、作られてから百年ぐらい、私とは七十年近くのおつきあいです。

――どういうきっかけで始められたのですか。

音楽は好きで、疎開前のしばらくの間、河村光陽《こうよう》先生（一八九七―一九四六。昭和戦前から戦中にかけて活躍した作曲家）の小鳩会という童謡の会に入っていました。

――疎開でやめてしまった？

本もレコードも疎開先へは持っていけなかった。ただ、母が「かもめの水兵さん」などが載っている大判の童謡の本を入れてくれたんです。それが学芸会で役に立ちました。何もなくても楽しめる歌はいいですね。

戦後に東京に戻って、ピアノを弾きたいと思ったけれど、簡単に手に入るものではありません。学校にもなくて、買うために母たちがバザーをしていたのですが、その仲間に弟の友だちのお母さまで、芸大でピアノを教えている先生がいらしたんです。「教えてあげましょうか」と言ってくださった。嬉しかったですね。でもピアノがない。先生が空襲で焼けず、ピアノが残っている家を紹介してくださり、学校帰りにその家へ寄って練習をさせていただけることになりました。やはり、だんだん欲しくなるんですね。戦後の苦しい時期、ぜいたくを言ってはいけないとわかっていましたけれど、父が、無理してでも買ってやろうと思ってくれて。

——粘り勝ちですね。

新しいのはほとんどない。先生が、古いピアノを二台見つけてくださった。一つは燭台がついた美しいもの、もう一台がこのピアノでした。私は燭台にうっとりしていたのですが、先生が弾いて、こちらを勧めてくださったんです。たしかに私でもわかるくらいにいい音でした。先生も、これ以上にいい音が出るのを聴いたことがない、と。

――由緒あるピアノだったんですね。

ベルリンである時期だけにつくられた貴重な数台のうちの一つ、ということを後から知りました。スタインベルク・ベルリン（一九〇八年創業、三十二年間しかピアノを製造しなかったピアノメーカー）のアップライトピアノは日本には三台しかないそうで、同じピアノで岡本太郎さんが「トルコ行進曲」をよく弾いていらしたんですって。亡くなられてから、壊れたのを直して、ついこの間お披露目会をされたようです。娘の方が上手ですが、今も月に一度習って楽しんでいます。私の宝物です。

万能ストレス解消法

――お好きな作曲家は。

なんといってもベートーヴェン。モーツァルトもハイドンも聴いていて気持ちいいけれど、ベートーヴェンは、「これもベートーヴェン!?」という驚きがある。幅が広くて、しかもどれも名曲。「エリーゼのために」に始まって、晩年――といってもそんなに歳をとっていませんけれど――の室内楽も好きです。

――お仕事をしながら聴かれるのですか。

仕事中はイージー・リスニングですね。ちゃんとは聴いていない。この頃はDVDがあるでしょう。カルロス・クライバーとバーンスタインが好きでよく見ます。ちょっと嫌なことがあった時、これを見ると忘れるという一枚があって、名づけて「バーンスタインクライバーごっこ」(笑)。

――なんですか、それは。

クライバーがいつも指揮していたバイエルンのオーケストラをバーンスタインが指揮する「運命」。そのバーンスタインが、どう見てもクライバーなのよ。意識しているとしか思えないそっくりさ。「ああ、ここ、やってる!」みたいなのがとても楽しくて、嫌なこともすべて吹っ飛びます。自身が「真似してる」と言っているわけでも、誰かがそう書いているわけでもない、私が勝手に決めた「クライバーごっこ」です。お二人とも、もう実演は見られなくて残念です。

――演奏家のご贔屓《ひいき》は?

古い人、今の若い方、たくさんいますけれど、何かの時に聴くのはグールドです。私は目が近眼も含めて弱くて、六十代で白内障の手術をしました。そのとき、「ゴールドベルク変奏曲」を持っていきました。ベートーヴェンという気分ではなく、眼帯を取ったときにほんとうに見えるかどうかわからないわけです。大丈夫だろう、でも……と半分心配しながら寝て聴いていました。そういう状況ではグールドですね。

——ピアノの隣に、立派なハープもあります。

二十五年前に研究館勤務になって週末以外は京都のマンションで一人暮らしするようになったとき、鶴見俊輔さんの奥さまが「そういう時はハープがいいわよ」とおっしゃった。大きいのでなく、ギリシアの竪琴《たてごと》みたいに小さなハープをぽろんぽろんと弾けばいいから、と勧められたんです。それで小ぶりのものを買ったときのパンフレットに、教えてくださる先生が全国で三人書かれていて、そのお一人が私のマンションからバスの停留所二つ先のところにいらしたんです。びっくりして、ともかく習い始めたんです。

——ご縁ですね。それにしても、まるで初歩からですか。

まさにぽろんぽろんから始めました。ところが、三年目に先生が急に亡くなられてしまいました。

……お若いし、病気とも伺ってなくて、突然。何となく気が抜けて、そこでストップ

――すると、ここにある大きなハープは……。

習っているとき週末に東京でも弾こうと思って、同じのを買うのもなんだから。これもすでにインテリアになっています（笑）。誰かが弾くといいなあと思いながら。きれいな音で、弾いていると楽しかったですよ。

――勧められると躊躇せず実行されるところは、子どもの頃から一貫しています。

そうねえ、「やりなさい」「はい」。「買いなさい」「はい」（笑）。でも、めったにないご縁は大切にしなきゃ。バスで二つ目ですから。

――あちこちに飾ってある絵も、きっとお描きになられたんですね。

絵は子どもたちのものです。

表現する科学者

――以前、美智子皇后の「根っこと翼」という言葉からヒントを得て、舞台化までされたそうですね。

〈「父がくれた神話伝説の本は、私に、個々の家族以外にも、民族の共通の祖先があることを教えたという意味で、私に一つの根っこのようなものを与えてくれました。本というものは、時に子供に安定の根を与え、時にどこにでも飛んでいける翼を与えてくれるもののようです……」。美智子皇后の講演「子供時代の読書の思い出」一九九八年より〉

このお言葉は、生意気ですけれど私もそうだったと思ったんです。そして「生命誌を通して、生命・人間・自然を見つめることで、根っこと翼を探したい」と思って同じ題の小さな詩をつくり、二〇〇二年、それをもとにしたダンスを踊る催しをしたんです。小学生のタローちゃんがサクランボの木を植えると、そこにヒヨドリが飛んでくる。大地にしっかり根を張る木と、空を自由にはばたく鳥と、小学生の少年は、どれも共通の祖先から生まれた仲間で、互いに関係をもって生きている……という話です。モダンダンスのケイ・タケイさんに踊ってもらうつもりが、あなたも踊りなさいと言われて、猛練習をして……。人前に出たり話したりするのは苦手なのに、自分が大事なことだと思ったら、恥ずかしいのをちょっと忘れるんです。

――学芸会を提唱した子ども時代から、詩や絵本づくり、近年はドキュメンタリー映画『水と風と生きものと』出演、『セロ弾きのゴーシュ』の舞台化……表現者であり続けているんですね。

生活の〝哲学〟

――いっぽうで、「生活者の視点からの哲学者」とも言われています。

哲学は苦手です。ただ、『あしながおじさん』の主人公ジューディが、自分のことを「私は女哲学者」と言っていて、それと同じ意味での哲学者なら、そうかもしれない。

〈「最も価値のあるのは、大きな大きな快楽じゃないのです。小さな快楽から沢山の愉快を引き出すことにあるのよ。（中略）目的地（ゴール）へ着いても着かなくても、結果に何の違いもありません。あたしはよしんば大作家になれなくっても、人生の路傍にすわって、小さな幸せを沢山積み上げることにきめました。あなたは、あたしのような思想をいだいている女哲学者をお聞きになったことがおありになって？」遠藤寿子訳〉。

競争をして急いで走っていれば最後はへとへとになって、目的地に着いたって着かなくったっておんなじこと、私は道端に咲いている草を眺めながらゆっくり歩くことにします、こういう哲学者はいますか？　とジューディはおじさんに聞いているんです。つまり、毎日を大切にしていきたいということ。

――「よく見ればなずな花咲く垣根かな」という芭蕉の句がお好きとか。

はい。まさに道端の草でしょ。それを〝よく見れば〟というところがとても好きなんです。ジューディが言っていることは、その通りだと思います。女性誌などで好きな主人公や物語のアンケートを取ると、トップが（赤毛の）アン、それから（アルプスの少女）ハイジ、この二人は強力ね。それから『小公女』のセーラ、『若草物語』の四人姉妹、そしてジューディ……。

――ふつうの女の子の代表たち？

春に石牟礼道子さんを送る会があって、皆さんがその功績を讃えていました。もちろん『苦海浄土』をはじめ素晴らしいお仕事をされたのですが、私が石牟礼さんのいちばん好きなところは、ご自分を「地方に暮らすふつうの主婦です」とおっしゃっていたこと。たぶん皆さんは謙遜だと受け止めていたと思う。もちろんその意味もなくはないでしょうが、私は強い誇りをもって言ってらしたと思うんです。そこで、これからの二十一世紀をみんなが暮らしやすい社会にしていくのは霞が関や永田町の男の人たちがやれることとは思わない、地方のふつうの女の人だと思う、そう話したら拍手が起こりました。

――すばらしい！

私より九歳上の石牟礼さんはおちゃめでもあって、多田富雄先生の著書に寄せられた推薦文がとてもいい。「元祖細胞」という言葉が出てくる本で、「その元祖細胞がとても愛《いと》おしくて、わたしはエプロンのポケットに入れて連れ歩いております」とある。細胞とは私も長年つきあっていますけれど、ちょっとポケットには入れてないよな。しかも、もし入れるとすればスーツのポケットかな、とか（笑）。お料理の話もよく書かれる石牟礼さんが、ご馳走を振舞うとき、エプロンのポケットから細胞が外をのぞいて「今日の夕飯は何かなあ」とか言っている、そんなようすを思い浮かべて一人で笑ってしまう。元祖細胞という耳慣れないものも、多田先生の書いた言葉であれば、なにか愛おしいもののようにエプロンのポケットに入れて連れ歩く、その感覚がチャーミングでしょう。私にとっての石牟礼道子像は、ちょっとおちゃめな地方に暮らすふつうの女の人。だから『苦海浄土』が私にとって意味がある。手の届かない人が書いたものとは違う魅力を感じるんです。

——直接にはそれほど交流がなかったとか。

会合ではお目にかかっていますが、一対一でお話をしたことはありません。二〇〇六年の水俣病五十年の行事のとき、緒方正人さんたち水俣の「本願の会」から手紙が届いたんです。私の生命誌の考え方や行動が、自分たちの考えとピタリと重なる、石牟礼さんもそう言っているから話をしてくれないか、と書いてありました。思いがけないことでした。漁師をされている緒方さんは、二〇〇一年に『チッソは私であった』という本を書いています。お父様を水保病で亡くし、ご自身も水俣病と認定されていたのですが、ある時、「こちらは被害者、あちらは加害者」ではないんじゃないか、もし自分がチッソの社員だったら同じことをしていたに違いないと思われたそうです。加害者とか被害者とかいう問題じゃなくて、これは人間として自分はどう生きるかを考えなければいけないことだと。そこで、水俣病の認定も返してしまわれた。

——そこまで……。

しばらく周りからは、気がおかしくなったと思われていたそうです。ずいぶん悩んだ時、とことん話したのが石牟礼さんで、彼女はわかってくれた。それで、ただ闘うのではなく、ほんとうに水俣を考える「本願の会」をつくった。送る会でも、彼のお話は素晴らしかったですよ、深く物事を考えてらっしゃって。

——水俣病は、先生の七〇年代の〝原点〟とも重なりますね。

ええ。でも片手間にすることではないから、私は水俣について一言も発言をしたり、書いたことはない。だから、本願の会が「同じことを考えているから」と呼んでくださったとき、とても驚きましたけれど、嬉しかったですね。それで行き来が始まったんです。

——結局、つながったんですね。

庭のよろこび

話だけでゴメンナサイ。春は庭に筍《たけのこ》が五本はえて、二本は伸びすぎちゃったのだけれど、三本は美味しく食べたのよ。今年は豊作でした。

——ご自宅の庭で朝掘りして……ご馳走ですね。

掘りたてですから頭から尻尾まで美味しかったですよ。今すももが始まっていると思うわ。

〈庭は二百坪、崖状の段々に夥《おびただ》しく生える草木花の種類は数の見当がつかない。「気をつけて

ね」と振り返り、振り返り、急な煉瓦製の階段をどんどん下りていく、向こう側の商店街に行くときは下の道につながる門から出る〉

――戻ってくるときは階段を上がってくるのですか？

もちろん。

――ものすごい脚力がいりますね。相当に体力がつきますね。

大変よ。でも運動不足にはならない。いつまで歩けるか、よね。

――と言いながら、すたすた上下されている。

このあいだまで二輪草が咲いていたんだけれど。野生で二輪ずつ咲くのよね。先週はきれいでした。ほとんど終わってしまったけれど……（愛おし気）。

〈スペード型の葉のドクダミを見つけてむしる。土にまみれた手。長い枝の先に白く小さな花をつけた残《のこ》んの二輪草を手のひらに乗せる〉

――あれは、ぜんまい？

違う違う、とらなきゃいけない草。あれはお隣の夏みかんね。昨日、三つ落ちてきてマーマレードをつくりました。こちらへ落ちたのはどうぞと言ってくださっているので。落ちてきた時にはマーマレードをつくって、そろそろ終わるかなと思ったら、また落ちてきて（笑）。

〈中段ぐらいまではイタリア式の庭、そこから下は和風庭園。藤棚の上ではそろそろ花が開きかけている。湧水もある。井戸をつくり、震災などでライフラインがストップしたときに飲めるようにしている。太い幹の山桜、すもも、梅、さくらんぼが小さな実をつけていた。低い木戸を開け閉めするだけだが、収穫物が盗《と》られることもない。区内で徐々に増えているというオープンガーデンを定期的に実施し、リピーターが少なくないという〉

——世田谷のターシャ・テューダーですね、ベンチもしつらえてあって。虫は？

チョウが来ますし、大きさも種類も、それはもういろんなアリがいっぱい。ジョロウグモの巣がたくさん、トカゲもヤモリもカマキリも……。動物もときどき来るみたい、お隣にタヌキが来たそうですけれど、私は見ていません。今日は富士山が見えなくて残念ね。あそこの二つのビルの真ん真ん中に、天気のいい日は見える。見えたらきれいなんだけど。

――あ、電車が通りました。

小田急線の走るのが見渡せるから、鉄道好きの人も喜びます。駅から七分歩けば来られて、温度が駅周辺とは二度ぐらい違うのよ。夏は緑が多いから涼しい。階段を一段おりるごとに温度が下がる。だからリビングは涼しいの。

――大きな酒樽が！　ビールが出てきたらびっくりですが。

雨水をためていて、庭に撒《ま》くときに使うの。

――土や草木の匂いが懐かしいです。生きものは飼っていないのですか。

大阪との往復生活をしているので動物は飼えませんが、めだかを飼っています。でもなぜか、犬が道を歩いていると、必ず寄ってくるんです。私は前世が犬だったらしいなあと（笑）。せっかく来てくれるので、撫でたりすると、喜んでくださる飼い主さんもいますが、嫌がる方も。それに気づいて以来、ご迷惑をかけるといけないから、道で犬とは目を合わさないようにしています（笑）。

——動物はともかく、植物にも心はあるのでしょうか？

心は「はたらき」だから、すべてのものと私との「あいだ」にあると思っています。私の中にある、何かの中にある、というのではなく、私とあなたの間にある。物でも、お友だちにプレゼントされたぬいぐるみや、ずっと使ってきたマグカップは大事だと思うでしょう。マグカップに心はなくても、自分とマグカップのあいだにはあるでしょう。レストランで出されたコップとは違う。子どもたちが、還暦のとき主人と揃いのスノーマンのマグカップをくれました。彼らからの唯一の贈り物じゃないかしら（笑）。それには特別の思い入れがある。花を見れば、私とその花のあいだに心がある。犬もそう。関係性は、歳月によって変わってきますけれど。

やることたくさん

——お庭ではひときわいきいきしておられましたが、何をしているときが一番幸せですか。

白状すると、あー幸せ、というのは寝るとき。寝るのが大好きなの。

――眠れないことはない？

ありませんね。だいたい十二時に寝て、起きるのは六時ぐらい。新幹線の中ではゲラを見たり、仕事をしていますが、最近ときどき寝るのを楽しむこともあります。

――お仕事も趣味も庭仕事もなさって……日常はどんな感じなんですか。

私の日常は、平凡の極み（笑）。

――毎日ご飯を作ったり？

だって誰も作ってくれませんから（笑）。有名なお店でご馳走を食べるとかはとくに好きじゃないし。お酒も飲めないので飲み屋さんも……。パーティーもあまり得意じゃない。上手じゃないけれど手料理が好き。今日はこのあと出かけるから、さっき鯛めしを炊いたんですよ。新聞に、尾頭つきで炊くと骨がいっぱい出て大変だけど、切身を焼いて香りを出せば大丈夫とレシピが載っていたの。これいいじゃない、と娘が言うからやってみたんです。（研究館勤務の）平日のお昼はサンドイッチを買ったり、お野菜をタッパーに入れて持っていったり。

――日常と仕事が融合している感じ。先生にとって仕事とはいったい何なのでしょう。

……なんだろう。仕事って楽しくないと意味がない。職場を去ったら何をしたい、ということより、まだ今のことをいっしょうけんめい考えています。その続き、続きにいろいろなやりたいことが出てくる。自分なりにそれを続けているうちに終わる時が来るのかなあと思っています。

――それは「仕事」というより「生きていること」？

よそから見れば「仕事」には見えないことを、たくさんしているかもしれませんね。でも自分で考え大切と思うことをやるという原則はあります。最近、政治家やエリート官僚の動きを見ると、悲しくなります。自分が辛い気持ちでいるとしたら悲しいし、もし、目先だけを見てこれをよしとしているとしたら、それも悲しいでしょう。易《やさ》しくはないかもしれないけれど、大切なことを追いかけていくほうがいいですよね。私は難しいことや大きいことを求めてはいないし、「今」が大事。いま本当に大事なことは何かを考えて、いっしょうけんめいにやる、それだけです。小さなことが、大きなことのなかで意味があるかどうかは考えています。単に自分がやりたいからやっているのではなく、皆が暮らしやすい社会になるといいなあ、それにはこの方がいいんじゃないと考えて、ベストを尽くす。そうしているうちに、毎日が過ぎていく。基本は人間が生きものとしていきいき生きられるようにしたいということです。最近、ＡＩ（人工知能）などが進み、人間が人間として生きることが難しくなっているようで恐いです。

――喜多方《きたかた》市（福島県）の小学校で子どもたちと農業に取り組んでこられたのも、手間を承知で……。

一年かけて野菜や枝豆をつくるでしょう。最初は大変でも、収穫して家族でいただくと、とてもおいしく楽しかったと作文に書いてくる。スーパーで買うよりよほど面倒です。でも一年かけて育てれば、野菜も生きものであることを実感できる。私は夏、自然の風のほうが気持ちがいいからクーラーは使わず、なにかと工夫して涼をとります。ある意味で「その日暮らし」かもしれません。雨が降ればやらなければいけないこと、お天気がよければやることがたくさんある、その積み重ねの毎日。

――「忙しい」ではなくて、「やることたくさん」ですね。

忙しいという言葉、嫌いなの。私たちの世代は、よい社会をつくろうと努力もしてきたけれど、ここにきて怪しくなっている。だから次の世代にこのまま渡すのは嫌だな、と感じています。流れに迎合したくはないんです。同世代の仲間たちと一緒に、責任をとって、この社会をどうしましょうと考えなければいけない。

――考えるだけでもだめ？

もちろん。ただ、行動といっても大きなことではなく、一人ひとりが日常の暮らしを大事にして、きちんと生きることじゃないでしょうか。その姿は若い人に伝わります。

子どもたちには、自分のやりたいことを思いっきりやって生きてほしいんです。生物学から言えば、「今の子どもたちは」なんて言葉はないわけ、いつだって同じ。私の時代の子どもと、今の子どもが違うとは思わない。ただ、子どもは大人を見て生きている。だから、大人がどう生きるかでしょう。どの子どもも、とってもいいものをもって生まれてきたに決まっています。それをふつうに自然のなかで育てていけば、よく育つはずなんです。子どもはいつも素晴らしい……そう思わないと、人間やって

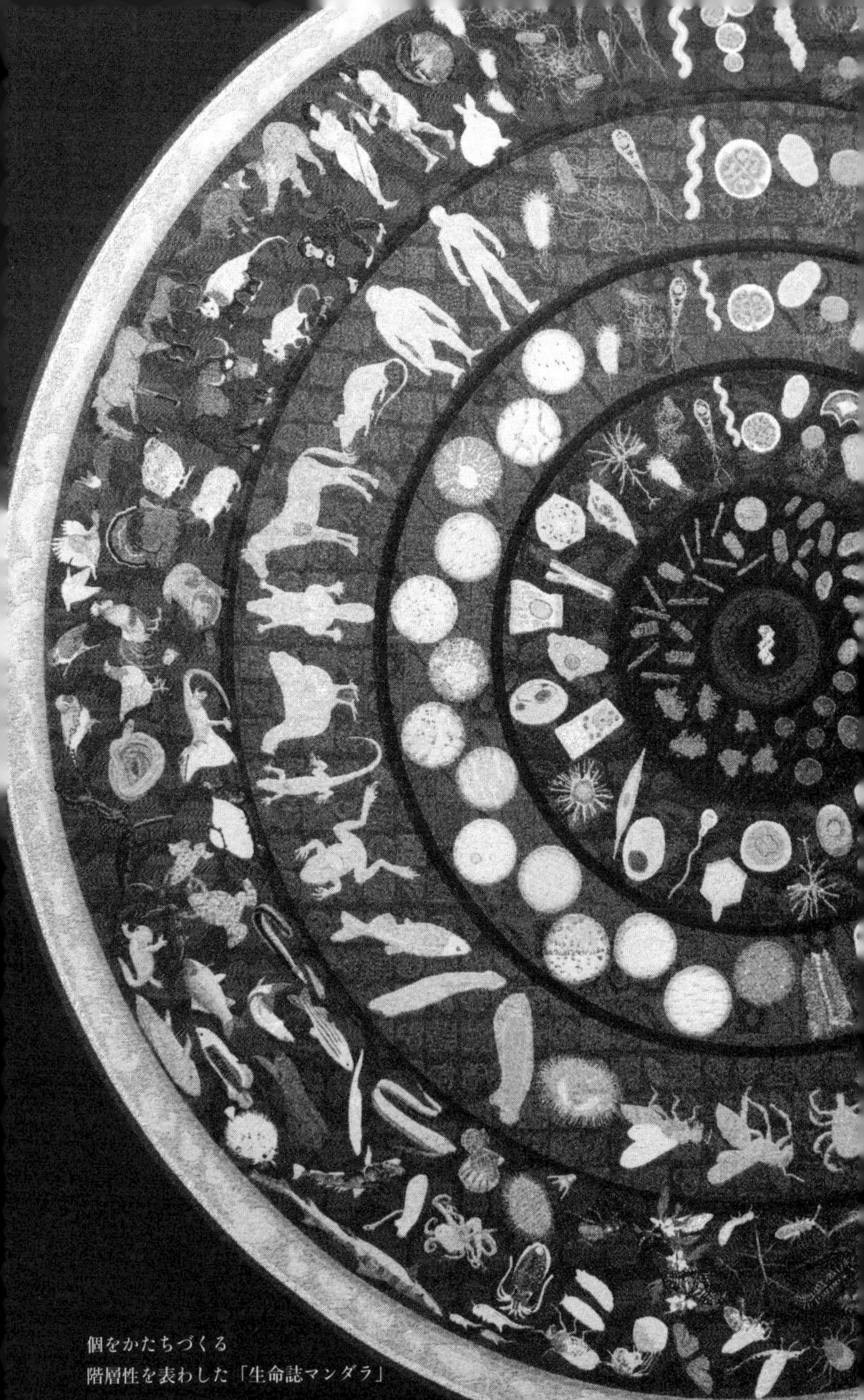

個をかたちづくる
階層性を表わした「生命誌マンダラ」

いられないでしょう（笑）。

最後に本音の本音を言っていいかしら。これまで話してきた気持ちは嘘ではありません。でも最近、これは私の〝願い〟かなと思っています。現実の社会は、医療から犯罪までＡＩとやらに振り回されて、人間が自分で考えることを止める恐い世界に入りつつあります。この方向に行ったら人間はおしまい。みんなでよーく考えて欲しいのです。機械にふり回されず幸せに生きる道を自分たちで探そうって。

今を大切に、毎日をていねいに暮らしてきました。三八億年続いてきた生きものとして納得できる社会を次に渡したいと願って。

最近、お金や権力を求めての競争のための技術開発で人間が壊され始めているようで心配です。

略歴

一九三六年　〇歳　一月一日、東京に生まれる。四谷で育ち、終戦を疎開先の愛知県で迎える。

一九四八年　一二歳　千代田区立麹町小学校を卒業、同区立麹町中学校に進む。

一九五四年　一八歳　お茶の水女子大学附属高等学校で木村都先生の影響を受け、進路を化学に決める。同高校卒業後、東京大学理学部に入学。

一九五九年　二三歳　大学を卒業後、分子生物学の研究・教育のため新設された同大学院理学系研究科生物化学専攻に進学、渡辺格研究室に入る。大腸菌などのバクテリアを研究し、その後、江上不二夫に師事する。

一九六四年　二八歳　理学博士。国立予防衛生研究所（現国立感染症研究所）に入所。

一九六六年　三〇歳　出産のため退職。長女が生まれ、六九年に長男が生まれる。五年間の子育て期間中、まど・みちお著『てんぷらぴりぴり』などさまざまな絵本に出会う。

一九六八年　三二歳　DNAの二重らせんモデルを発見してノーベル賞を受賞したジェームズ・D・ワトソン著『二重らせん』を師の江上とともに共訳出版。発見者本人がDNAの二重らせんモデルが発見されるまでをつぶさに描いたドキュメントで、日本における分子生物学の一般への啓蒙に大きな役割を果たしたといわれる。

一九七一年　三五歳　職場に復帰。三菱化成（現三菱化学）生命科学研究所社会生命科学研究室長となり、環境と社会を意識しながら新しい生物学を考える役割を担う。

一九七二年　三六歳　英サセックス大学など、ヨーロッパの研究の現状を単身視察。

一九八一年　四五歳　生命科学研究所人間・自然研究部長に就任。

一九八九年　五三歳　早稲田大学人間科学部教授となる。また同大学院人間科学研究科教授、三菱化成生命科学研究所名誉研究員などを歴任。

一九九三年　五七歳　岡田節人（発生生物学者）とともに、生命現象と生命体を総合的にとらえ、生きものを「歴史と関係」と「多様性と普遍性」の観点から理解する「生命誌」研究を目的としたJT生命誌研究館を大阪府高槻市に設立、副館長に就任する。『自己創出する生命』（哲学書房）で毎日出版文化賞受賞。

一九九五年　五九歳　東京大学先端科学技術研究センター客員教授となる。

一九九六年　六〇歳　大阪大学連携大学院教授となる。松原謙一との共著『ゲノムを読む』（紀伊國屋書店）で日刊工業新聞技術・科学図書文化賞優秀賞受賞。

二〇〇〇年　六四歳　松下幸之助花の万博記念賞、ダイヤモンドレディ賞受賞。

二〇〇二年　六六歳　JT生命誌研究館館長に就任。大阪府女性基金プリムラ賞受賞。脚本を担当した崔在銀監督の映画『On The Way』公開。

二〇〇四年　六八歳　『ゲノムが語る生命』（集英社新書）刊。

二〇〇七年　七一歳　山崎陽子との共著、堀文子が絵を描く『いのち愛づる姫——ものみな一つの細胞から』（藤原書店）刊。大阪文化賞受賞。

二〇一三年　七七歳　『科学者が人間であること』（岩波新書）刊。アカデミア賞（全国日本学士会）受賞。

二〇一四年　七八歳　音楽劇『生命誌版　セロ弾きのゴーシュ』上演。絵本『いのちのひろがり』（福音館書店）刊、読み聞かせを行う。

二〇一五年　七九歳　ドキュメンタリー映画『水と風と生きものと』製作・出演。

二〇一七年　八一歳　「まど・みちおの詩で生命誌をよむ」をテーマにラジオで連続講義。

二〇一八年　八二歳　『「ふつうのおんなの子」のちから』（集英社）刊。

のこす言葉 KOKORO BOOKLET
中村桂子 ナズナもアリも人間も

発行日――2018年11月9日 初版第1刷発行

著者――中村桂子
編・構成――のこす言葉編集部
発行者――下中美都
発行所――株式会社平凡社
〒101-0051 東京都千代田区神田神保町3-29
電話03-3230-6583〔編集〕
03-3230-6573〔営業〕
振替00180-0-29639

印刷・製本――シナノ書籍印刷株式会社
写真――宮村正徳（54～55、80～98頁除く）
装幀――重実生哉

ISBN978-4-582-74116-2
NDC分類番号914・6 B6変型判（17・6cm） 総ページ112
平凡社ホームページ http://www.heibonsha.co.jp/
乱丁・落丁本のお取替えは小社読者サービス係まで直接お送りください
（送料は小社で負担いたします）。